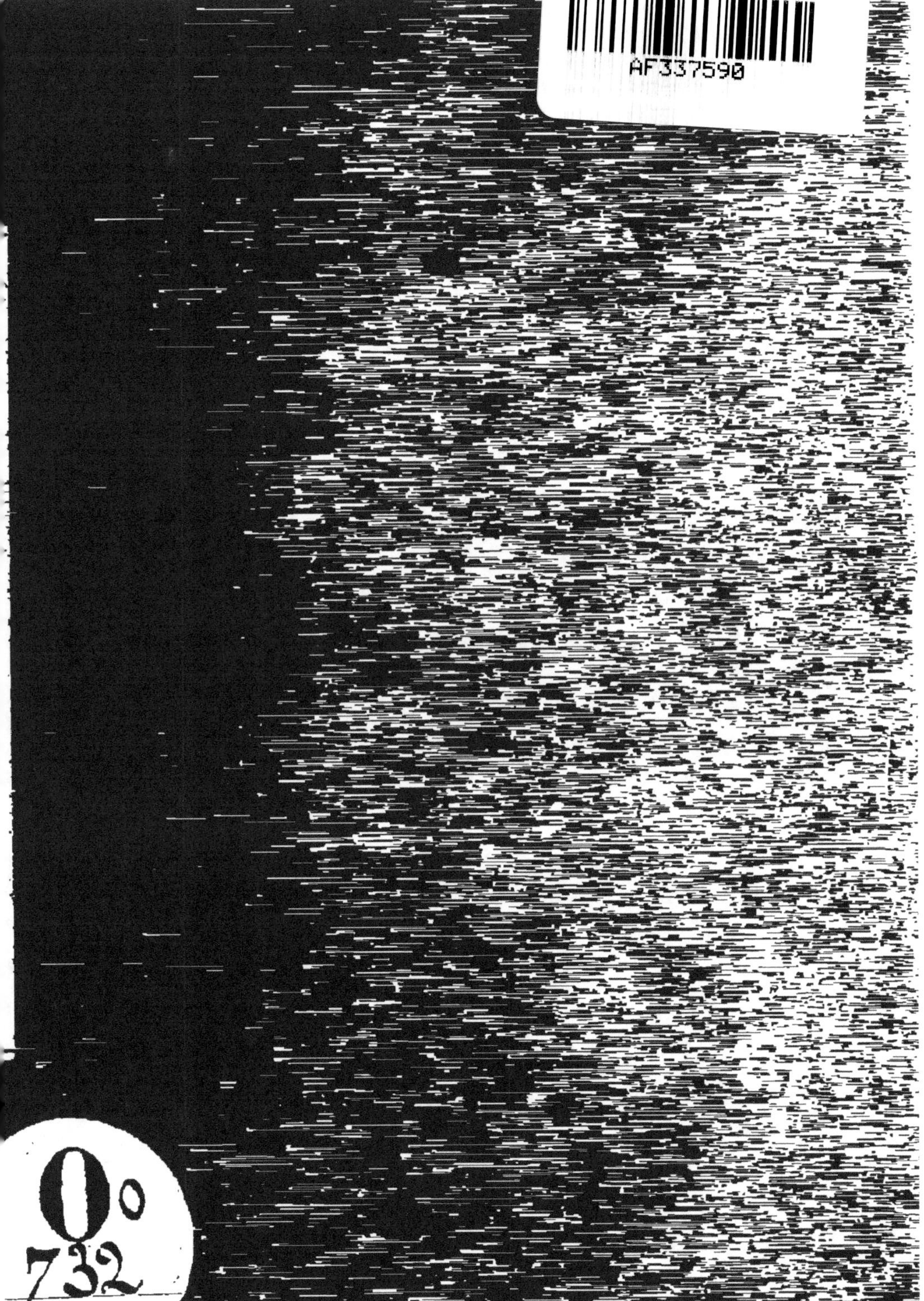

AF337590

VIE

DE

SAINT FRANÇOIS-XAVIER,

PATRON DE L'ŒUVRE DES OUVRIERS.

BORDEAUX,

IMPRIMERIE DE JUSTIN DUPUY ET COMP.,

RUE MARGAUX, 11.

1854

VIE

DE

SAINT FRANÇOIS-XAVIER,

Patron de l'Œuvre des Ouvriers.

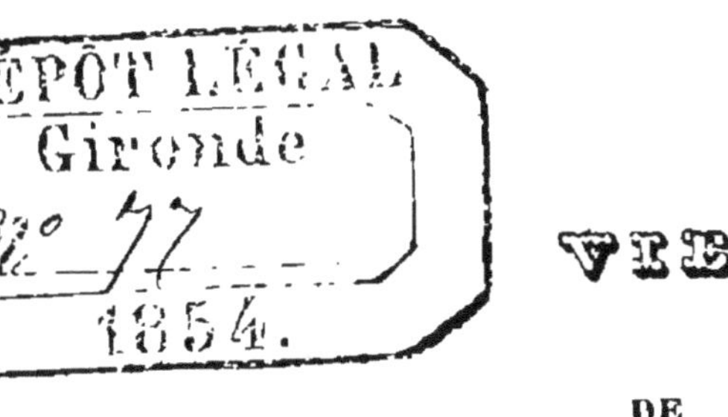RANÇOIS-XAVIER, l'un des sujets les plus distingués qu'ait produits la Compagnie de Jésus, naquit le 5 avril 1506, au château de Xavier, près de Pampelune. Don Juan de Jasso, son père, était un des principaux conseillers d'état de Jean d'Albret, roi de Navarre ; sa mère était héritière des illustres

maisons d'Azpilcueta et de Xavier. Leurs enfants embrassèrent presque tous la carrière des armes. François, qui était le plus jeune, montrant une grande ardeur pour apprendre, fut envoyé à l'Université de Paris à l'âge de dix-huit ans : il fut placé au Collége de Sainte-Barbe. Il s'y distingua bientôt par la rectitude de son jugement et la pénétration de son esprit ; et, après avoir pris le degré de maître ès-arts, il enseigna la philosophie au Collége de Beauvais. Ce fut dans celui de Sainte-Barbe, qu'il continuait d'habiter, qu'il connut saint Ignace, qui eut de la peine à le retirer de la société de jeunes luthériens, envoyés d'Allemagne pour répandre secrètement leurs erreurs parmi les étudiants de l'Université. Pendant longtemps, Xavier, dont la tête était remplie de pensées ambitieuses, n'écouta pas Ignace, et le tournait même en ridicule. Celui-ci supportait avec douceur et avec un air gai le mépris de l'autre, et lui répétait sans cesse cette parole de Jésus-Christ : « Que sert » à l'homme de gagner l'univers, s'il vient à » perdre son âme ! » Tout cela ne faisait rien sur Xavier, qui était ébloui du désir d'une vaine gloire, et qui voulait concilier l'amour du monde avec le Christianisme.

Ignace le prit par son faible : il loua ses talents, applaudit à ses leçons, et ayant su qu'il se trouvait dans le besoin, lui offrit de l'argent.

Xavier, qui avait l'âme généreuse, fut touché de ce procédé, vit depuis Ignace d'un autre œil, et l'écouta avec attention. Ce ne fut qu'après de violents combats qu'il se rendit aux impressions de la Grâce, et se mit sous la conduite d'Ignace, qui le fit avancer à grands pas dans la voie de la perfection.

Le jour de l'Assomption 1534, Ignace, avec ses six compagnons, du nombre desquels était Xavier, se rendit à Montmartre. Ils y firent le vœu de visiter la Terre-Sainte, et de travailler à la conversion des Infidèles ; ou, si cette entreprise ne pouvait avoir lieu, d'aller se jeter aux pieds du Pape, et de lui offrir leurs services pour qu'il les employât à telles bonnes œuvres qu'il jugerait à propos. Le 15 novembre 1536, ils partirent de Paris, au nombre de neuf, pour aller rejoindre Ignace, qui était alors à Venise. A leur arrivée, ils se distribuèrent les hôpitaux, pour servir les pauvres tant qu'ils resteraient dans cette ville.

Xavier, qui était l'un de ceux placés à l'hôpital des incurables, passait les nuits en prières, après avoir employé le jour à rendre aux malades les services les plus humiliants. Il s'attachait de préférence à ceux qui avaient des maladies contagieuses.

Après deux mois de séjour à Venise, Ignace envoya ses compagnons à Rome se présenter au Pape Paul III, et lui demander sa bénédiction pour le voyage de la Terre-Sainte. Le Souverain Pontife les reçut avec de grands témoignages de bonté, et accorda à ceux de la Compagnie qui n'étaient pas encore dans les ordres sacrés, la permission de les recevoir de tout évêque catholique. Xavier fut ordonné prêtre le jour de la fête de saint Jean-Baptiste, en 1537, et tous firent vœu de chasteté, de pauvreté et d'obéissance.

Xavier voulut passer quarante jours dans une chaumière abandonnée, pour se préparer à célébrer sa première Messe, couchant sur la terre, et ne vivant que de ce qu'il mendiait. Pendant ce temps, Ignace envoya tous ses compagnons à Vicence, où Xavier alla les rejoindre, et dit sa première Messe. De là il se rendit à Bologne, où il se livra aux exercices de la charité et aux fonctions du saint ministère. Il serait difficile d'exprimer tout le bien qu'il fit dans cette ville.

Ignace fit venir Xavier à Rome dans le courant de l'année suivante. Tous les Pères de la Compagnie s'y étaient réunis pour délibérer sur la fondation de leur Ordre. Les délibérations furent accompagnées de prières, de veilles et de pénitences austères. Comme il s'était écoulé un an sans qu'ils eussent trouvé l'occasion de passer en Palestine, et que la guerre qui était survenue entre les Vénitiens et les Turcs, rendait leur projet impraticable, ils offrirent de nouveau leurs services au Souverain Pontife, en le priant de les employer de la manière qu'il jugerait la plus utile au ser-

vice du prochain. Leurs offres furent accep-
tées : ils eurent ordre de prêcher dans Rome,
jusqu'à ce que le Pape en eût autrement dé-
cidé. Xavier exerça son ministère dans l'é-
glise de Saint-Laurent : on admira tout à la
fois son zèle et sa charité.

Jean III, roi de Portugal, fit demander au
Pape des ouvriers évangéliques, pour aller
prêcher la foi aux Indes orientales. Gorea,
portugais, qui était le principal du Collége de
Sainte-Barbe, à Paris, pendant qu'Ignace et
Xavier y demeuraient, se trouvait alors à
Rome. Frappé du bien que les compagnons
de saint Ignace faisaient dans cette ville, il
écrivit au Roi son maître, que des hommes si
éclairés, si humbles, si zélés, et si avides de
croix, étaient plus propres que d'autres à aller prêcher aux Indes. Jean III chargea son
ambassadeur de faire les démarches néces-

saires. Comme les établissements des Portugais étaient considérables, le Pape appuya
même les demandes qu'on fit auprès du Su-
périeur.

On demandait six de ses ouvriers apos-
toliques ; mais Ignace ne put en accorder que
deux : il désigna Rodriguès et Bodadilla. Ce
dernier s'étant trouvé malade , Xavier fut
choisi pour le remplacer. Il se rendit en Portugal avec Rodriguès, que le Roi jugea à propos de retenir auprès de lui. Ainsi, Xavier
partit seul pour les Indes, l'an 1541. Le Pape
lui avait donné le caractère de légat apostolique ; mais , loin de se prévaloir de sa di-
gnité, il ne voulut avoir ni suite, ni domes-
tiques, ni aucune distinction particulière. En
1542, il arriva à Goa , et alla d'abord pren-
dre son logement parmi les pauvres, à l'hôpital. Il refusa constamment les offres du vice-

roi, qui voulait lui donner un appartement dans son palais.

Avant de commencer ses fonctions de missionnaire apostolique, il alla rendre ses devoirs à l'évêque de Goa. C'était dom Juan d'Albuquerque, religieux de l'Ordre de Saint-François, prélat d'un grand mérite, et plein de zèle pour la propagation de la foi. Xavier lui montra les pouvoirs qu'il avait reçus du Pape et du Roi de Portugal, et lui déclara qu'il ne voulait les exercer qu'avec sa permission. Il se mit ensuite à genoux pour recevoir sa bénédiction. Le prélat fut édifié de son humilité, et l'embrassa tendrement. Il se forma entre eux une liaison très-étroite, et Xavier, quoique autorisé par le Pape et par sa qualité de légat, n'entreprit jamais rien sans consulter l'évêque.

Le saint travailla quelque temps à Goa à la

réformation des mœurs, tant des Portugais que des Idolâtres mal instruits et mal convertis, qui étaient fort déréglés. Ses soins furent couronnés d'heureux résultats. Il se rendit ensuite à la côte de la Pêcherie, et se mit à prêcher l'Évangile aux Gentils. Il parcourut successivement toutes les Indes. Sa mission devint semblable à celle des apôtres, par l'étendue et par la rapidité de ses succès. Il employait les moyens dont les apôtres s'étaient eux-mêmes servis pour convertir le monde idolâtre : la prière, l'humilité, le désintéressement, la mortification et le don des miracles. Il pénétra jusque dans le royaume du Japon, où il fit des conversions innombrables.

Comme un seul homme ne pouvait suffire au besoin de tant de peuples, Xavier écrivit à Ignace, son général, pour demander des missionnaires de sa Compagnie. Ce dernier, qui ne respirait que le salut des âmes et les progrès de la Religion, accueillit favorablement la demande de son fils en Jésus-Christ, et bientôt on vit dans les Indes un grand nombre de chrétientés florissantes, et gouvernées par des ouvriers formés par les soins d'Ignace et par ceux de Xavier.

Quand il parut au Japon, sa figure étrangère lui attira d'abord le mépris du monde; mais sa vertu et ses miracles ne tardèrent pas à le faire respecter. Il parlait à la fois plusieurs langues différentes qu'il n'avait jamais apprises; il guérissait les malades par le signe de la croix; il ressuscitait les morts, et il se rendait maître des esprits et des cœurs par la vertu du Saint-Esprit. Comme un autre saint Paul, il se faisait tout à tous; il regardait comme un gain les fatigues, les souffrances, les dangers. Lorsque le Seigneur lui faisait connaître ce qu'il aurait à souffrir, il s'écriait : « Encore plus, Seigneur, encore plus ! » A l'égard des consolations dont il était souvent comblé, il disait : « Seigneur, c'est assez ; je ne mérite pas d'être tant consolé. »

Il mourut âgé de 46 ans, le 2 décembre 1552, dans l'île de Sancian, à la vue de la Chine, où il se disposait à passer pour y établir le royaume de Jésus-Christ. Son corps fut enfermé dans une grande caisse, à la manière des Chinois, et cette caisse fut remplie de chaux vive, afin que les chairs étant plus tôt consumées, on pût transporter les os à Goa. Le 17 février 1553, on ouvrit la caisse, et on trouva le visage frais et vermeil, comme celui d'un homme qui repose.

Saint François-Xavier fut béatifié par Paul V, en 1619, et canonisé par Grégoire XV, en 1621.

Le Roi de Portugal obtint de Benoît XIV, en 1747, un bref portant que le serviteur de Dieu serait honoré comme patron et protecteur de toutes les contrées des Indes orientales.

Telle fut la vie de ce grand saint, qui est resté le patron du pauvre et de l'ouvrier.

Pratique. Si le jeune Xavier n'eût pas été retiré par saint Ignace de l'imprudente liaison qu'il avait formée avec quelques étrangers, qui étaient à son insu disciples de Luther, il est presque certain qu'il aurait été séduit. Xavier se fût perdu, et quelle perte pour l'Église ! La jeunesse doit apprendre de cet exemple, qu'il n'est pas de plus dangereux écueil pour elle que la société des gens pervertis, ni de plus précieux trésor qu'un ami chrétien.

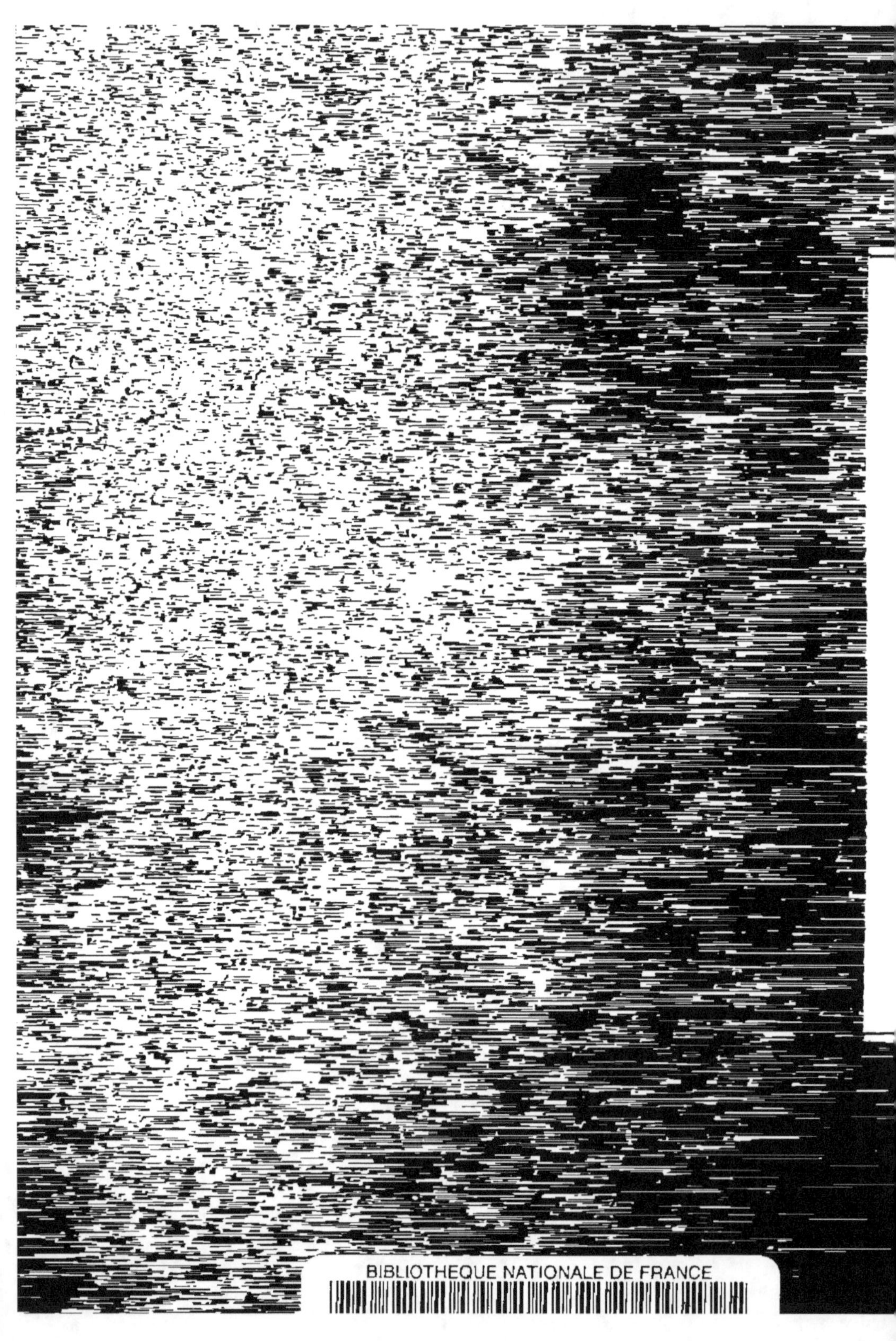